BEI GRIN MACHT SICH IHR WISSEN BEZAHLT

AF149440

- Wir veröffentlichen Ihre Hausarbeit, Bachelor- und Masterarbeit

- Ihr eigenes eBook und Buch - weltweit in allen wichtigen Shops

- Verdienen Sie an jedem Verkauf

Jetzt bei www.GRIN.com hochladen und kostenlos publizieren

GRIN

Jiakang Bai

Ambient Intelligence - ein Überblick

GRIN Verlag

Bibliografische Information der Deutschen Nationalbibliothek:

Die Deutsche Bibliothek verzeichnet diese Publikation in der Deutschen National-
bibliografie; detaillierte bibliografische Daten sind im Internet über http://dnb.d-
nb.de/ abrufbar.

Impressum:

Copyright © 2008 GRIN Verlag GmbH
Druck und Bindung: Books on Demand GmbH, Norderstedt Germany
ISBN: 978-3-640-21060-2

Dieses Buch bei GRIN:

http://www.grin.com/de/e-book/117658/ambient-intelligence-ein-ueberblick

Universität Trier

Lehrstuhl für Wirtschaftsinformatik II

Seminar

***

Thema: Überblick über Ambient Intelligence

WS 2007/2008

Jiakang Bai

———————————

Abstract

Ambient Intelligence (AmI) ist im Moment weltweit eine der neuesten Technologie. Diese Ausarbeitung gibt einen Überblick über AmI, die mit dem Konzept des „ubiquitous computing" verwandt ist und Zusammenhang mit vielen anderen neuen Technologien wie künstliche Intelligenz, intelligente Benutzerschnittstellen, Agententechnologie, context-awareness, drahtlose Sensornetze usw. steht. AmI wird als die Computertechnologie der Zukunft betrachtet. Die Hauptanwendungen dafür werden im menschlichen Leben gefunden, d. h., AmI integriert sich in die Umgebung, in der die Menschen im Alltag leben. Viele Wissenschaftler haben unterschiedliche Szenarien vorgestellt, wie AmI unser Leben verändern kann. Ähnlich wie andere neue Technologien ist AmI noch nicht ausgereift. Dabei gibt es auch Hindernisse, die in der Zukunft gelöst werden müssen.

Inhaltsverzeichnis

1   Einführung

Ambient Intelligence (AmI), das ursprünglich auf Emile Aarts von Philips Research zurück geht, ist eine neue technologische Vision, dessen Ziel ist, die Benutzerschnittstellen in die Umgebung, in der Menschen im Alltag leben, zu integrieren, d. h., die Umgebung soll sensitiv und adaptiv auf die Anwesenheit von Menschen und Objekten reagieren und dabei den Menschen vielfältige Dienste bietet [1]. AmI steht vor allem im Zusammenhang mit dem europäischen Forschungsprogramm *Information Society Technologies* (IST) und ist verwandt mit dem stärker Hardware-orientierten Ansatz der US-amerikanischen Forschung, *Ubiquitous Computing* [2].

Mit der Entwicklung der Computer-Technologie kann man Hardware immer kleiner machen und die Leistungen der Computer sind auch besser geworden. So kann man kleinere Computer oder Hardware besser in unsere Umgebung einbetten, was ein wichtiges Merkmal des AmI ist. Eine weitere zentrale Besonderheit ist, dass die eingebetteten Computer sensitiv und adaptiv auf die Bedürfnisse der Menschen sind, d. h., die Computer sind intelligent. Ein Beispiel ist ein intelligentes Zimmer. Es gibt ein eingebettetes System im Zimmer, also in unserer Umgebung, in der wir wohnen. Dieses Zimmer soll unsere Bedürfnisse befriedigen, beispielsweise wenn man die Kaffeetasse am Morgen in der Hand halt, dann erfährt das System durch den integrierten Sensor in der Kaffeetasse, dass die Bewohner des Zimmers schon aufgestanden sind, anschließend wird das Fernsehen eingeschaltet, weil sich die Bewohner des Zimmers gerne Nachrichten schauen, wenn sie Kaffee trinken. In diesem einfachen Beispiel gibt es eingebettete Computer oder Sensoren in der Kaffeetasse und dem Fernsehen. Bei bestimmten Aktivitäten reagiert die Umgebung, also die Objekte oder die Geräte. Traditionell sind diese Objekte passiv, aber jetzt sollen sie aktiv werden. Dieses intelligente Zimmer soll auch personalisiert werden, weil unterschiedliche Bewohner unterschiedliche Bedürfnisse haben. Dieses wird durch AmI ermöglicht.

AmI steht in einem engen Zusammenhang mit anderen Forschungsbereichen. Ubiquitous Computing (UbiComp) ist einer davon. Es bezeichnet die Allgegenwärtigkeit (engl. *ubiquity*) der Informationsverarbeitung im Alltag des Menschen [3]. Die konkrete Unterscheidung zwischen AmI und UbiComp ist schwer zu sagen. In den Literaturen wird UbiComp als technische Basis von AmI angesehen und der Fokus des AmI liegt mehr auf die Menschen in der Umgebung und die Interaktionen zwischen Menschen und Geräten. Alle Geräte in der Umgebung und die Menschen werden durch ein mobiles Netzwerk vernetzt. Den Geräten ist bewusst, wann die Menschen was brauchen und können so entsprechende Dienste anbieten. Die Rechenprozesse passieren überall und passen sich der Änderung von Umgebung und menschlicher Aktivitäten an. Ein anderer Forschungsbereich von AmI sind die intelligenten Systeme, die Lernalgorithmen, Spracherkennung, Sprachübersetzung, Analyse von Situationen usw. als Schwerpunkte behandeln. Der dritte Bereich ist die so genannte *context-awareness*. Ein System ist *context-aware,* wenn es Kontexte verwendet, um den Nutzern relevante Informationen und Dienste zu bieten, die von den Aufgaben der Nutzer abhängig sind [4]. D. h. ein context-aware System kann auf relevante Ereignisse in der natürlichen Umgebung reagieren bzw. diese zur weiteren Bearbeitung nutzen. In diesem Bereich erforscht man die Interaktionen der Gegenstände mit ihrer Umgebung.

Das Forschen im Bereich des AmI hat große Bedeutung. Der IST hat eine Reihe von Szenarien entwickelt, um zu erklären, welche Vorteile diese Forschung bringt und welche Potenziale das AmI besitzt. In einem dieser Beispiele trifft eine Frau, die in einem kaufmännischen Beruf tätig ist, auf viele Situationen, in denen AmI angewendet wird, so z. B. Am Flughafen, im Hotel, in einem Tagungszentrum, im Auto und auf der Autobahn. In jedem Fall bieten die eingesetzten Geräten in ihrer Umgebung Just-In-Time Dienste, beispielsweise die Vereinfachung von Zollbezahlung [5].

Diese Szenarien zeigen, wie AmI unser Leben verbessern kann. Die Entwicklung der Computertechnologie bietet die Möglichkeit, dass AmI mehr und mehr in der Praxis angewendet wird. Intelligente Häuser sind die ersten Anwendungen, die AmI findet. In den folgenden Kapiteln werden die Technologien und Anwendungen von AmI detailliert dargestellt.

2   Anwendungsbereiche des AmI

In diesem Kapitel werden verschiedene Anwendungsbereiche des AmI dargestellt, um AmI besser zu erläutern.

2.1   Das intelligente Heim

Heute werden die AmI-basierten Technologien meistens „zu Hause" verwendet, so ist der Heimbereich der besten Bereich, in dem man AmI erforscht und untersucht. In einem intelligenten Heim werden die Bewohner und ihre Aktivitäten durch viele Sensoren beobachtet und entsprechende Dienste werden angeboten. Das Projekt *Phillips Homelab* [6] hat viele Untersuchungen und Forschungen durchgeführt, um ein AmI-basiertes Heim besser zu gestalten. Viele neue Ideen und Konzepte wurden zu diesem Zweck untersucht, wie z. B. die Sprache- und Gesteerkennung, drahtlose Netzwerke, der Umgang von Menschen mit Computersystemen usw.

2.2   AmI für Gesundheit

Im Gesundheitsbereich können die AmI-basierten Technologien sowohl in den Krankenhäusern als auch in den privaten Wohnungen eingesetzt werden. So können in einem Krankenhaus beispielsweise leere Betten automatisch erfasst und gemeldet werden oder das Personal je nach Situation zugewiesen werden. Zu Hause kann z. B. ein „intelligenter" Medizinschrank ihrem Benutzer die korrekte Menge der Tabletten informieren und bei den leeren Medikamentenverpackungen dem Hausarzt melden.

2.3   Ambient Assisted Living (AAL)

Das AAL geht es hauptsächlich um das Leben in einer unterstützenden Umgebung (Heim). Die Motivation von AAL sind die Bedürfnisse, die ältere und kranke Bevölkerungen haben. Diese Bedürfnisse können beispielsweise Gesundheit, Sicherheit, Unabhängigkeit usw. sein. So wurde das Konzept AAL entwickelt, um ihre Unabhängigkeit zu erhöhen, ihr tägliches Leben zu unterstützen, die Kommunikation mit medizinischem Umfeld und Notfallsystemen zu ermöglichen, ihren Gesundheitszustand zu überwachen etc. Das AAL steht im engen Zusammenhang mit dem Heim- und Gesundheitsbereich. Es gibt viele Projekte, die in diesem Bereich beschäftigen. Das deutsch-ungarische *BelAmI-Projekt* [7] ist ein Beispiel davon.

Es gibt auch andere Gebiete, in den AmI angewendet werden kann. Z. B. beim Straßenverkehr werden die Situationen des Verkehrs automatisch erfasst und der Verkehrsleitzentrale gemeldet, so kann der Verkehr situationsgerecht gesteuert werden. Beim Bereich Logistik und Handel werden durch „RFID-Chips"[1] (Funketiketten) eine Identifikation von Behältern auch aus Entfernungen möglich ist.

---

[1] RFID steht für *Radio Frequency Identification*.

3 Intelligente Benutzerschnittstellen

In diesem Kapitel wird die Technologie der intelligenten Benutzerschnittstellen vorgestellt, die eine wichtige Rolle im AmI spielt.

3.1 Tangible User Interfaces

Unter Tagible User Interface (TUI) versteht man eine Benutzerschnittstelle, die einem Computerbenutzer die Interaktion mit der Maschine durch Alltagsgegenstände erlaubt [8], d. h., durch TUI sind die physikalischen Objekte in der realen und in der virtuellen Welt gleich. Man bedient physikalische Objekte in der realen Welt, um die Aufgabe in der virtuellen Welt zu schaffen. TUI bietet eine nahtlose Schnittstelle zwischen der realen und der virtuellen Welt. Ziel von TUI ist es, durch die Berührbarkeit von digitalen Informationen die nahtlose Integration von realer und virtueller Welt zu erreichen.

Die Motivation für die Einführung von TUI ist deutlich. Als moderne Menschen leben wir in zwei Welten, in der realen Welt und in der Welt der Informationen. An die reale Welt sind wir gewohnt, die virtuelle Welt braucht jedoch viele Erkenntnisse und Erfahrungen. Zwischen den beiden Welten fehlt eine einfache und nahtlose Interaktionsmethode. Normale Computer können diese Forderung jedoch nicht erfüllen. Durch die Verwendung von normalen und realen Objekten wird die Benutzung von Benutzerschnittstellen bei TUI einfacher. Die Benutzer haben dann das Gefühl, dass sie die digitalen Informationen direkt greifen können. Das Konzept des TUI wurde unter diesem Hintergrund vorgestellt.

TUI ist anders als die klassische grafische Benutzeroberfläche, bei der man durch Tastatur, Maus und Bildschirm mit dem Computer interagieren. Im Gegensatz dazu verwendet man bei TUI alltägliche Gegenstände, dabei haben die Benutzer das Gefühl, dass sie sich noch in der realen Welt befinden[2]. Ein weiterer Unterschied besteht darin, dass es bei TUI keine strikte Trennung von Ein- und Ausgabe gibt, während bei der Verwendung von herkömmlichen grafischen Benutzeroberflächen diese Unterscheidung jedoch unvermeidlich ist.

Die Wissenschaftler, die sich mit TUI beschäftigen, können viele Errungenschaften vorweisen. „Clear Board" [8], das von Ishii und Kobayashi 1994 entwickelt wurde, ist ein Beispiel dafür. Es ist ein System, bei dem die Oberfläche in der realen Welt als Integrationsmedium von physikalischen Räumen und virtuellen Räumen verwendet wird. Übrigens ist das „Clear Board" ein Konzept, bei dem man TUI am frühsten verwendet hat. Das System des „Clear Board" bietet eine Benutzeroberfläche, die Video- und Zeichenfunktion integriert. Damit haben die Benutzer das Gefühl, dass sie sich von Angesicht zu Angesicht unterhalten und diskutieren. Außerdem wird diese Oberfläche auch als Ein- und Ausgabegerät verwendet, damit alle Benutzer ihre Ideen teilen können. Abbildung 1 zeigt eine Situation, in der das „Clear Board" benutzt wird.

---

[2] Eine Tastatur oder eine Computermaus ist real, verarbeiten sie aber nur abstrakte Eingaben.

Abbildung 1: Clear Board, aus: [8]

Ein anderes Beispiel ist das so genannte *„Bricks: Graspable User Interfaces"* [8], das von Fitzmaurice, Ishii und Buxton 1995 entwickelt wurde. Bei diesem System kann man die virtuellen Objekte durch physikalische Gegenstände (bricks) direkt manipulieren. Die virtuellen und physikalischen Objekte sind hier verbunden und synchronisiert. Es gibt keine zahlenmäßige Einschränkung von „bricks". Man kann einzelne oder mehrere „bricks" gleichzeitig benutzen, um virtuelle Objekte zu bewegen, kombinieren etc. Abbildung 2 zeigt die Idee dieses Systems.

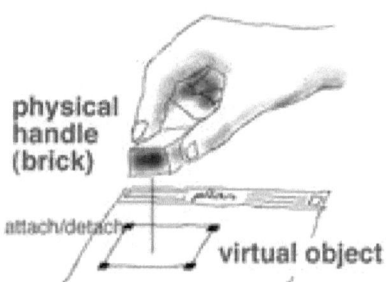

Abbildung 2: Bricks, aus: [8]

Es gibt viele Techniken, die helfen, TUI zu verwirklichen:

- Sensoren und drahtlose Kommunikation:

  Bei TUI muss man die Bewegung von realen Objekten verfolgen oder ihre Lage positionieren, um die realen Objekte mit der virtuellen Umgebung zu verbinden. Sensoren, die in den realen Objekten installiert werden, sind eine Lösung dafür. Eine andere Alternative ist die 3D Positionierungstechnik.

Zwischen realen Objekten und Systemen wird momentan die Technik der schnurlosen Kommunikation verwendet. Dabei werden die Aktivitäten der Benutzer nicht gestört und Interaktionen werden ermöglicht.

- Mehrkanalige Interaktionstechnologie:

Bei TUI ist die Eingabe einfach, während die Ausgabe vielfältig ist, beispielsweise kann man die Ausgabe sehen, hören oder berühren. Außerdem manipuliert man bei TUI mehrere Objekte gleichzeitig. Alles ist mehrkanalig.

TUI ist eine Art der intelligenten Benutzerschnittstellen. Es gibt auch andere Arten, die wie folgt beschrieben werden.

3.2 Multimodale Interfaces

3.2.1 Multimodale Eingabe

Die multimodale Eingabe betrifft hier die unterschiedlichen Gesteneingaben der Benutzer, beispielsweise die Spracheingabe (Spracherkennung), die Eingabe der Blickrichtung, die 3D-Gestikeingabe usw. Abbildung 3 zeigt verschiedene Eingabekanäle des Menschen. Bei multimodalen Interfaces sind die gleichzeitigen Eingaben von zwei oder mehreren Eingabegeräten möglich. Alle diese Geräte erlauben die Asynchronität und Ungenauigkeit der Eingabe. In manchen Systemen kann man unterschiedliche Eingabeformen verwenden, um unterschiedliche Objekte zu zeigen. Bei dem berühmten Beispiel „Put-That-There" [9] können die Benutzer durch Sprechen, Blickrichtung oder Gestik das Objekt „that" und die Position „there" im Bild bestimmen. Mit der Integration vielfältiger Eingabemöglichkeiten kann man eine Aufgabe besser lösen. Dies ist effizienter als die traditionellen Eingaben mit Tastatur oder Maus.

Alle Arten der multimodalen Eingabe brauchen die Technik der künstlichen Intelligenz, um verschiedene ungenaue Eingaben zu erkennen und zu integrieren. Dieses Verfahren heißt Biometrik und es ermöglicht ein relativ genaues Ergebnis. Momentan gibt es im Alltag viele Techniken, die auf Biometrik basiert. So z. B., die Erkennung von Fingerabdruck, Iris, Gesicht etc. Das Verstehen von Sprache ist das Ziel der zukünftigen, intelligenten Eingabe, gleichzeitig ist es auch ein wichtiger Forschungsbereich der künstlichen Intelligenz. So unterstützt die künstliche Intelligenz die multimodalen Eingaben, während die multimodalen Eingaben helfen, die Technologie der künstlichen Intelligenz weiterzuentwickeln.

3.2.2 Multimodale Ausgabe

Bei einem traditionellen Computer bekommt man die Ausgabeergebnisse beispielsweise über den Bildschirm, bei der multimodalen Ausgabe jedoch werden vielfältige Informationen, die man hören, sehen usw. kann, automatisch durch multimodale Formen verwirklicht. Abbildung 3 beschreibt die verschiedenen Ausgabekanäle des Menschen. Das GPS-System z. B. ermöglicht es, auf dem Bildschirm den besten Weg anzuzeigen und gleichzeitig entsprechend der Verkehrssituation immer alternative Wege durch den integrierten Lautsprecher anzubieten.

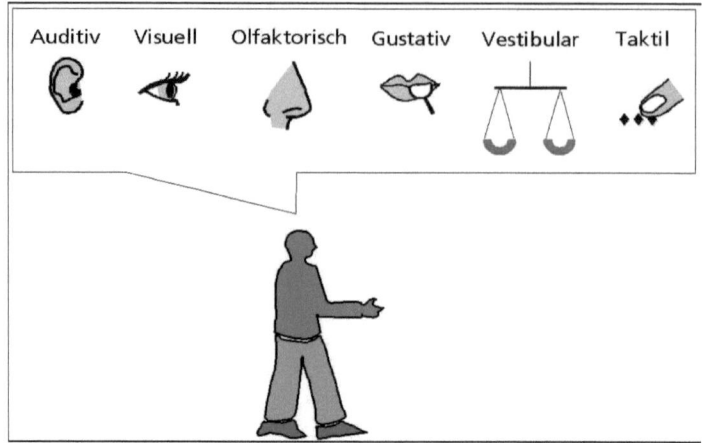

Abbildung 3: Modalitätskanäle des Benutzers, aus: [10]

3.3   Interaktionsmanagement

Der Interaktionsablauf eines Systems, bei dem multimodale Benutzerschnittstellen eingesetzt werden, kann grob in Eingabe, Verarbeitung und Ausgabe unterteilt werden. Die drei Phasen erfolgen aber nicht immer Schritt für Schritt. Um die Effizienz zu erhöhen, müssen die Daten jeder Gruppe immer über die zugehörigen visualisierten „Manager" laufen, die vom System zugewiesen werden und die Daten entsprechend weiterleiten. Außerdem soll das System bei der Interaktion zwischen Mensch und Computer kontinuierlich die verschiedenen Aktivitäten der Benutzer lernen, zusammenfassen und analysieren, um einen Benutzer zu charakterisieren. So können die Interaktionen verbessert werden. In diesem Sinne nennt man diesen Prozess Interaktionsmanagement.

So wird z. B. ein Telefonsystem entworfen, bei dem durch das Nennen des Namens des gewünschten Ansprechpartners ein Anruf erzeugt wird. Bei dem einfachsten Entwurf braucht man nur ein Spracherkennungsgerät und die Bearbeitung von Anfragen durch die Datenbank. Wenn man die Gewohnheiten berücksichtigt, wie oft die Gesprächspartner ihre unterschiedlichen Telefone benutzen (die Telefone im Büro, zu Hause oder das Mobiltelefon) und die aktuelle Situation der Gesprächspartner (in der Konferenz, im Schlafen, usw.) oder den Umgang mit eingegangenen Anrufen (von Freunde, Kollegen oder Fremder), dann muss das System je nach Situationen unterschiedlich bearbeiten. Hier muss das Interaktionsmanagement eingeführt werden, um die Kollaboration von Reaktionen der Anwendungen und die Bearbeitungen der Fälle zusammenzuführen.

Intelligente Benutzerschnittstellen sind die neue Generation der Benutzerschnittstellen. Sie zielen auf eine bessere Interaktion zwischen Mensch und Computer und dabei bieten eine Basistechnologie des AmI.

4 Software-Agenten

Ein *Software-Agent* oder auch *Agent* ist ein Computerprogramm, das in einer vernetzten Umgebung Aufgaben selbständig erledigen kann. [11] Bei AmI ist diese Technik auch wichtig. In diesem Kapitel wird die Technik des Software-Agenten erklärt.

4.1 Agenten für AmI

Wie bereits in der Einführung gesagt, stützt das AmI sich auf UbiComp, Context-Awareness und intelligente Systeme. Dabei können die Benutzer mit einer Umgebung interagieren, die sensitiv auf die Aktivitäten der Benutzer reagiert und personalisierte Dienste bietet. In diesem Sinne können Selbständigkeit, Reaktionsfähigkeit, Proaktivität, Anpassungsfähigkeit usw. Haupteigenschaften von AmI sein. Diese sind ähnlich wie die Merkmale eines Software-Agenten. So spielt Technik des Agenten eine wichtige Rolle in AmI. Im Folgenden werden die Grundkenntnisse des Agenten dargestellt.

Ein Agent besitzt folgende Eigenschaften [11]:

- Selbständigkeit:

  Die Agenten arbeiten unabhängig von den Eingriffen des Benutzers. Sie können ihre Aktivitäten und ihren Status selbst steuern.

- Sozialität:

  Die Agenten können wie Menschen miteinander kommunizieren, kooperieren und sich koordinieren.

- Reaktionsfähigkeit:

  Die Agenten können Änderungen der Umgebung wahrnehmen und dementsprechend auf sie reagieren.

- Proaktivität:

  Die Agenten reagieren nicht nur passiv auf ihre Umgebung, sondern können auch aktiv sein. Normalerweise haben sie eigene Ziele und bemühen sich darum, diese zu erreichen.

- Mobilität:

  Die Agenten können ihre Ausführungsorte wechseln (migrieren) und sich an Systeme mit unterschiedlichen Infrastrukturen anpassen.

- Lernfähigkeit/Anpassungsfähigkeit:

  Die Intelligenz von Agenten besteht aus drei Hauptteilen – der inneren Wissensbasis, der Lern- und Anpassungsfähigkeit und dem wissensbasierten Schließen. Lernen bedeutet die Fähigkeit, neues Wissen durch Erfahrungen zu bekommen. Diese Fähigkeit erhöht die Anpassungsfähigkeit der Agenten.

Agententechnologie bietet eine Basistechnologie für AmI. Sie beinhaltet viele Konzepte und Algorithmen, welche die passenden Technologien für ein gut funktionierendes AmI-System darstellen. Davon sind beispielsweise Lernen von Umgebungen oder Aktivitäten der Benutzer, Mobilität, Strategie von Koordinieren und Kooperieren usw. In diesem Sinne wird die Agententechnologie als Quelle für die Technologien des AmI betrachtet.

4.2   Multi-Agenten Systeme (MAS) für AmI

Ein Multi-Agenten-System wird als ein System aus mehreren gleichartigen oder unterschiedlich spezialisierten handelnden Einheiten (Agenten) verstanden, die kollektiv ein Problem lösen [12]. Die Multi-Agenten Systeme werden entwickelt, um die funktionalen Mängel der einzelnen Agenten zu beseitigen.

Heutige Informationssysteme sind immer größer und werden dabei immer verteilter und heterogener. So wird es heute verlangt, dass die Agenten intelligenter werden und autonom agieren und interagieren können. In einem MAS stehen alle Agenten in einer verteilten Umgebung, die Kommunikations- und Interaktionsprotokolle bereitstellt, um komplexe Aufgaben zu lösen. Die Kommunikations- und Interaktionsfähigkeit der Agenten in einem MAS ermöglicht es, dass sich Agenten eine Gesellschaft bilden. Dabei können die Agenten mittels ihres sozialen Verhaltens Ziele besser und effizienter erreichen.

Das Multi-Agenten Paradigma ist für AmI aus folgenden Gründen gut geeignet [13]:

- Ein MAS bietet eine dezentralisierte Steuerung, die auf verteilten und autonomen Agenten basiert. Ein zentral gesteuertes System wird immer komplexer und fehleranfälliger mit der Steigerung der Aufgabengrößen, während ein MAS dieses Problem gut lösen kann. Außerdem können sich die zusammenarbeitenden Agenten in einem MAS in auftauchenden Situationen gut koordinieren und die Organisation der Agenten ist sehr flexibel. Diese Merkmale ermöglichen es, dass ein MAS dynamisch auf aktuellen Situationen reagiert. So ist ein MAS gut geeignet für eine offene und dynamische Umgebung des AmI.

- Ein MAS unterstützt komplizierte Interaktionen zwischen Agenten. Dies wird durch hochstufige semantische Sprache (z. B. KQML[3]) verwirklicht. Dieses Merkmal ist für AmI wichtig, weil in einer AmI Umgebung verschiedene heterogene Daten verarbeitet werden und deren Integration nur durch hochstufige semantische Sprache ermöglicht wird.

- Ein MAS ist eine Gesellschaft von Agenten. Die Agenten agieren in einem MAS wie Menschen. Diese Eigenschaft erleichtert die Schwierigkeit, die man beim Verstehen der Aktivitäten des Systems hat. Somit kann man das System schnell steuern.

---

[3] KQML: Knowledge Query and Manipulation Language, eine Programmiersprache und ein Kommunikationsprotokoll, das in einem MAS verwendet wird.

5   Sensornetz

In diesem Kapitel wird die Technologie des *Sensornetzes* dargestellt, die eine drahtlose Verbindung zwischen Objekten in der Umgebung des AmI verwirklicht.

5.1   Einführung

Ein *Sensor* ist ein technisches Bauteil, das bestimmte physikalische oder chemische Eigenschaften (z. B.: Wärmestrahlung, Temperatur, Feuchtigkeit, Druck, Schall, Helligkeit oder Beschleunigung) und/oder die stoffliche Beschaffenheit seiner Umgebung qualitativ oder als Messgröße quantitativ erfassen kann. [14] In einer intelligenten Umgebung haben Sensoren eine große Bedeutung.

Bei einem Sensornetz geht es um ein Rechnernetz von Sensorknoten, winzigen, drahtlos kommunizierenden Computern, die zusammenarbeiten, um mindestens eine gemeinsame Aufgabe zu lösen. [15] Das Sensornetz fasst die Techniken von Sensoren, eingebetteten Systemen, Internet, drahtlosen Kommunikationen, verteilten Informationsverarbeitungen usw. zusammen. Ein Sensornetz ermöglicht durch Sensoren die Überwachung, Wahrnehmung und Erfassung verschiedener Daten der Umgebung Danach werden die Informationen durch ein eingebettetes System bearbeitet und durch drahtlose Kommunikationsnetze an die Benutzer übertragen. Das Sensornetz kann in vielen Bereichen eingesetzt werden. Es ist eine wachsende Technik, die in Zukunft sehr wichtig sein wird.

5.2   Sensorknoten und Sensorarchitektur

Die typische Architektur eines Sensornetzes besteht hauptsächlich aus verteilten Sensorknoten. Ein Sensorknoten besteht aus folgenden Komponenten [16]:

- Sensoreinheit: Diese besteht aus Sensoren und *Analog-Digital-Wandler (ADC)*.

- Prozessoreinheit: Diese enthält CPU (Central Processing Unit), einen internen Speicher und eingebettete Betriebssysteme.

- Kommunikationseinheit: Diese besteht aus drahtlosen Kommunikationsmodulen.

- Energieversorgungseinheit: Die Energiequellen sind normalerweise Batterien.

Außerdem gibt es auch andere Funktionseinheiten wie Lokalisierungssysteme, Generatorssysteme usw. Abbildung 4 zeigt die Komponenten, die typisch für ein Sensornetz sind.

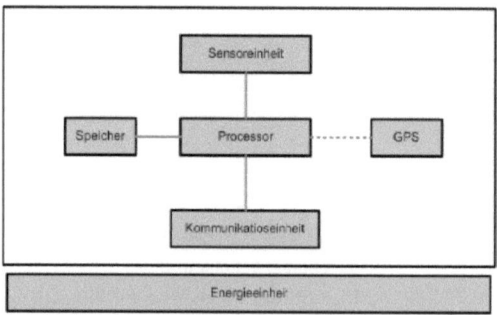

Abbildung 4: Architektur eines Sensorknotens, aus: [16]

In einem Sensornetz verteilt sich eine große Menge von Sensorknoten um die zu überwachenden Objekte. Diese Knoten bilden selbstorganisiert ein drahtloses Netz. Außerdem nehmen die Knoten bestimmte Informationen im Netz durch Kooperationen wahr und erfassen und verarbeiten sie. Sie können irgendwann und irgendwo im Netz die Wahrnehmung, Erfassung und Verarbeitung von Informationen vollbringen. Das Netz überträgt die Daten durch *Multi-Hop-Kommunikation* zu den Sink-Knoten. Schließlich werden die ganzen Daten durch eine Sink-Verbindung zu einem so genannten Task-Manager-Knoten übertragen, damit die Daten zentral verarbeitet werden können. Im Sensornetz besitzen die meisten Knoten nur kleine Kapazitäten, während die Sink-Knoten eine große haben und höhere elektrische Leistungen enthalten. Deswegen können sie mit dem Task-Manager-Knoten via Internet und Satelliten kommunizieren. Abbildung 5 zeigt die oben genannte Architektur eines Sensornetzes.

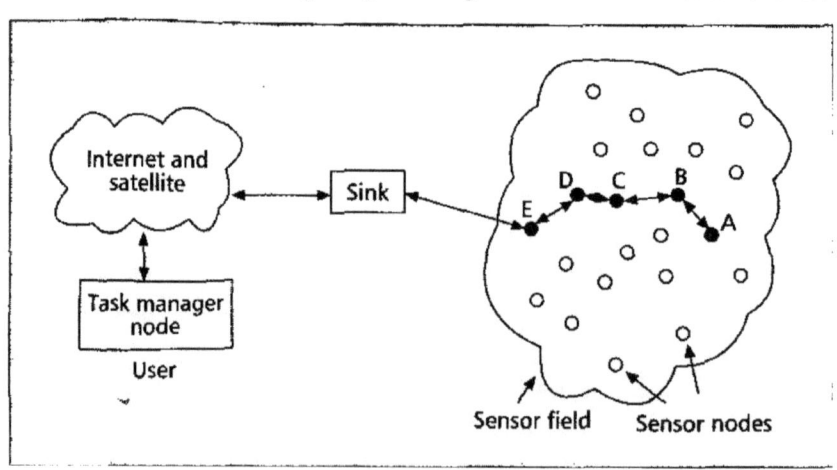

Abbildung 5: Architektur eines Sensornetzes, aus: [17]

5.3   Kommunikationsprotokolle vom Sensornetz

Wegen der großen Mengen an Sensoren im Sensornetz braucht man ein Kommunikationsprotokoll, welches die Übertragung von Daten effizienter gestaltet. In früheren Forschungen nahm man an, dass das Protokoll des *Ad-Hoc-Netz*[4] für die Kommunikationen im Sensornetz direkt oder nur mit kleinen Änderungen einsetzbar sei. Die beiden Netze haben jedoch unterschiedliche Eigenschaften, so dass das Protokoll des „traditionellen" Ad-Hoc-Netzes nicht einfach für das Sensornetz verwendet werden kann. Dies hat folgende Gründe [17]:

- Die Anzahl und die Dichte der Verteilung der Sensorknoten in einem Sensornetz sind viel größer als in einem ad-hoc Netz.

- Die meisten Sensorknoten in einem Sensornetz bewegen sich nicht so schnell wie in einem ad-hoc Netz.

- Die Sensorknoten in einem Sensornetz sind fehleranfälliger.

- Die Sensorknoten in einem Sensornetz sind eingeschränkt in ihren elektrischen Leistungen, ihren Speicherkapazitäten und ihren Computerleistungen.

- Die Sensorknoten in einem Sensornetz verwenden hauptsächlich das Übertragungsmodel, um zu kommunizieren, während die meiste ad-hoc Netze auf *point-to-point* Kommunikation basieren.

- Wegen der großen Menge von Sensoren haben nicht alle Sensorknoten in einem Sensornetz *global-ID*.

Die aktuellen Forschungen zu Kommunikationsprotokollen für Sensornetze konzentrieren sich auf zwei Aspekte: *Media Access Control* (MAC) und Routing-Protokolle, die im Folgenden vorgestellt werden.

5.3.1   Media Access Control (MAC)

Unter MAC versteht man eine vom *Institute of Electrical and Electronics Engineers* (IEEE) entworfene Erweiterung des *Open Systems Interconnection Reference Model* (OSI-Modell). [18] Nach dem OSI-Modell wird die Kommunikation im Netzwerk in sieben Schichten eingeteilt. Die *Data Link Layer* wird vom IEEE in die Unterschichten MAC und *Logical Link Layer* unterteilt, wobei MAC die untere der beiden Sub-Layer ist [18].

Es gibt viele Netzwerktechnologien, deren MAC zur Kommunikation des Sensornetzes geeignet ist. *Carrier Sense Multiple Access* (CSMA) ist eine davon. Diese Technik hat zwei wichtige Merkmale [17]:

- Der „listening" Mechanismus:

---

[4] Ein ad-hoc-Netz ist ein drahtloses Rechnernetz, das zwei oder mehr Endgeräte zu einem vermaschten Netz verbindet.

Die Sensorknoten beobachten alle Kommunikationskanäle und überprüfen vor der Übertragung von Daten, ob sie frei sind. Dieses Verfahren ist energiesparend.

- Das „backoff" Schema:

  Wenn die Kanäle belegt sind, dann überprüfen die Knoten nach einer zufälligen Zeitspanne noch einmal, ob sie frei sind. Dieses Verfahren erhöht die Robustheit gegen Kollisionen.

Traditionelle CSMA-basierte Protokolle sind auf der Basis der Annahme des zufällig verteilten Datenverkehrs aufgebaut und haben die Tendenz, point-to-point Datenströme zu unterstützen. Im Gegensatz dazu müssen MAC-Protokolle für Sensornetze veränderlichen, hoch verbundenen und regelmäßigen Datenverkehr unterstützen. So wurde die Methode des *adaptive transmission rate control* (ARC) entwickelt, um die Geschwindigkeit der *„originating"* und *„route-through"* Datenverkehr auszubalancieren. ARC ist energiesparender und effizienter als andere Vorschläge und versucht die Geschwindigkeit der Datenübertragung ständig zu richten und ihre Phase zu verändern, damit Kollisionen vermieden werden können.

5.3.2 Routing-Protokolle

Routing-Protokolle basieren auf der *Network Layer*, die eine Schicht vom OSI-Modell ist. Der Entwurf von Routing-Protokollen stellt eine große Herausforderung dar. Zunächst haben die Knoten im Sensornetz keine global-ID, deswegen sind die traditionellen Internet-Routing-Protokolle nicht für das Sensornetz geeignet. Zweitens sind alle Knoten im Sensornetz ursprüngliche Knoten, welche die Daten auf einzelne Zielknoten (Sink-Knoten) übertragen. Außerdem sollen die Routing-Protokolle die Fähigkeit zur Datenaggregation besitzen, um Energie zu sparen, weil bei den beobachteten Objekten viele Sensoren eingesetzt werden und die erfassten Daten von jedem Sensor ähnlich sind.

Insgesamt kann man sagen, dass Routing-Protokolle für Sensornetze und traditionelle Netzwerke sehr unterschiedlich sind. Momentan gibt es viele Algorithmen für den Aufbau eines Routing-Protokolls. Einige von diesen werden wie folgt dargestellt.

- *Flooding*, *Gossiping* und *SPIN* [17]:

  Flooding und Gossiping gehören zu den einfachsten Routing-Protokollen für Sensornetze. Es sind keine komplizierte Routing-Algorithmen erforderlich. Beim Flooding überträgt jeder Knoten die empfangenen Daten auf alle Nachbarknoten und wiederholt diesen Prozess, bis der Zielknoten die Daten empfängt oder die maximale Anzahl von Hops[5] für Datenpakete erreicht ist. Dabei gibt es auch zwei Probleme. *Implosion* ist das erste Problem und es entsteht dadurch, dass eine Nachricht zwei Mal an den gleichen Knoten gesendet wird. Ein anderes Problem ist der so genannte *Overlap*, der vorliegt, wenn zwei Knoten, die dasselbe Gebiet beobachten, die gleiche Nachricht an den gleichen Knoten senden. Um diese Probleme abzustellen ist das Gossiping-Protokoll entwickelt worden. Dabei

---

[5] Hop nennt man in Rechnernetzen den Weg von einem Netzknoten zum nächsten.

senden die Knoten die Datenpakete an einen zufällig ausgewählten Nachbarknoten. So kann das Problem der Implosion gelöst werden, jedoch dauert es länger, bis eine Nachricht von allen Knoten empfangen wird. Das SPIN (Sensor Protocols for Information via Negotiation) wurde entwickelt, um die Probleme des Flooding durch den Verhandlungsmechanismus zu lösen. Anstatt aller Daten senden die Sensorknoten nur die Daten, die die Sensorendaten beschreiben. Dadurch arbeiten die Sensorknoten effizienter und energiesparender.

- *LEACH* [17]:

Beim LEACH-Protokoll (Low-Energy Adaptive Clustering Hierarchy) werden die Knoten in viele verschiedene Cluster verteilt. Jedes Cluster hat einen zufällig ausgewählten Clusterchef. Die Chefs können auch Cluster auf höheren Stufen bilden. Ein Clusterchef empfängt die Daten aus den Sensorknoten in seinem Cluster und sendet die aggregierten Daten an die Basisstation. Wegen des riesigen Energieverbrauchs bei diesem Schritt werden nach einiger Zeit neue Clusterchefs ausgewählt, um die Energieleistung auf alle Knoten gleichmäßig zu verteilen. Es gibt zwei Phasen bei LEACH: die *Setup Phase* und die *Steady Phase*, wobei aus Gründen der Kostenreduzierung die Steady Phase länger als Setup Phase dauert. In der Setup Phase werden die Knoten in Cluster aufgeteilt, dann werden die Clusterchefs ausgewählt. In der Steady Phase beginnt die Übertragung der Daten von den Sensorknoten auf die Clusterchefs, die die Daten aus den Knoten in ihren Clustern sammeln. Nach einem bestimmten Zeitraum geht das Sensornetz wieder in die Setup Phase, wo neue Clusterchefs gewählt werden.

Bei AmI-Anwendungsszenarien spielen Sensoren und Sensornetze eine große Rolle. Man geht davon aus, dass eine große Menge von Funksensoren in die Umgebung eingesetzt wird. Die Sensoren beobachten ihre unmittelbare Umgebung und kommunizieren mit ihren Nachbarsensoren in einem Sensornetz, um ihre Aufgaben zu erledigen. Dadurch können die Funktionen und Forderungen einer AmI-Umgebung erst verwirklicht werden.

6   Context-Awareness

6.1   Einführung

Wie schon in der Einführung dieser Arbeit erwähnt wurde, ist die Technologie der Context-Awareness ein wichtiger Forschungsbereich des AmI. In diesem Kapitel werden nähere Informationen darüber gegeben.

Unter dem Begriff Kontext versteht man alle relevanten Informationen oder Merkmale, die verwendet werden können, um eine Person, einen Ort oder ein Objekt zu charakterisieren. [19] Ein System ist context-aware, wenn das System die Kontexte und ihre Änderungen automatisch wahrnimmt und anwendet, um sich selbst einzustellen und dem Benutzer relevante Informationen oder Dienste zu bieten. [19] Ein wichtiges Merkmal der Kommunikation unter Menschen ist, dass man Kontexte verwendet, d. h., es gibt implizites Wissen über die Welt und Alltagssituationen während der Kommunikation zwischen Menschen. Dieses Merkmal ist ein Symbol der menschlichen Intelligenz, die jedoch bei normalen Computersystemen fehlt. Context-Awareness ist ein wichtiger Ansatz zur Erhöhung der Intelligenz eines Systems und eine effiziente Methode zur Interaktion zwischen einem intelligenten System und der Umgebung. Dies erleichtert den Umgang von Menschen mit Computern und erhöht dadurch den Nutzen von Computern.

Context-Awareness hat folgende Unterstufen:

- Erfassung des Kontextes:

In diesem Prozess sollten alle Kontextinformationen erfasst werden. In einem intelligenten System erfolgt dies durch die Technik von Sensoren.

- Schlussfolgerung:

In diesem Schritt werden zunächst die ursprünglichen Kontextinformationen analysiert, aus denen semantisches Wissen gekriegt wird. Danach werden aus diesem Wissen nach bestimmten Regeln Schlussfolgerungen gezogen und bekommt man Kontexte der höheren Ebene. Dieser Prozess kann durch die Technik der Inferenzmaschine ermöglicht werden.

- Verwenden des Kontextes:

Die aus der Schlussfolgerung erhaltenen Daten werden in diesem Schritt zur Änderungen der Umgebung genutzt. Dadurch erhalten die Benutzer besser Dienste.

6.2   Schlüsseltechnologien der Context-Awareness

6.2.1   Sensortechnik

Wie im letzten Kapitel erwähnt wurde, können die Sensoren die Daten sowohl aufnehmen als auch nach bestimmten Regeln in Ausgabedaten konvertieren. Die Eingabedaten können beispielsweise physikalisch, chemisch oder biologisch sein, wohingegen die Ausgabesignale in der Regel nur physikalische Größe sind, die leicht zu transportieren, konvertieren, bearbeiten und anzeigen sind, d. h., die Ausgabegröße ist elektronisch. Es gibt dabei einen bestimmten Zusammenhang zwischen Eingabe- und Ausgabegrößen. Je nach Verwendungszweck können Sensoren als Drucksensor, Temperatursensor oder Geschwindigkeitsensor dienen, die separat den Druck, Temperatur oder Geschwindigkeit misst. Die Sensortechnologie bildet daher das Hauptinstrument zur Erfassung der Kontextinformationen in der Context-Awareness.

6.2.2 Technik der Inferenzmaschine

Bei einer Inferenzmaschine handelt es sich um eine Software aus dem Bereich der künstlichen Intelligenz, die durch Schlussfolgerungen aus einer bestehenden Wissensbasis neue Aussagen ableitet. [20] Sie ist das Modul der Informationsanalyse und –bearbeitung in der Technologie der Context-Awareness und hilft, AmI zu verwirklichen. Sie versucht die menschlichen Gedanken zu kopieren, zieht Schlussfolgerungen und erklärt diese mit Fachsprache, die man verstehen kann. Inferenzmaschinen können in folgende Kategorien unterteilt werden:

- Regelbasierte Inferenzmaschine:

Eine regelbasierte Inferenzmaschine zieht Schlussfolgerungen aus vorhandenen Regeln. Zuerst werden die Kontextinformationen mit den Regeln in der Regelbasis verglichen, dann werden diese Regeln in einer bestimmten Reihenfolge in einem Plan gelegt. Die Ausführungsmaschine führt alle Regeln der Reihenfolge nach aus und es kommt zu den Ergebnissen.

- Ontologiebasierte Inferenzmaschinen:

Unter *Ontologie* versteht man in der Informatik eine Wissensrepräsentation eines formal definierten Systems von Begriffen und Relationen. [21] Kurz gesagt, Ontologie ist eine Menge von formalen Begriffen, welche Begriffe, Relationen und ihre Merkmale sowie Schlussfolgerungen enthält. In der Praxis ist Ontologie normalerweise ein Glossar, dessen Kernfunktion es ist, Fachwörter und ihre Relationen in einem Bereich abzugrenzen. Dieses Glossar bietet die semantische Konsequenz, die für die ontologiebasierte Inferenzmaschine sehr wichtig ist. Diese semantische Konsequenz ermöglicht es, dass ein bestimmtes Modell in deutlicher und formaler Sprache erklärt wird. In einer ontologiebasierten Inferenzmaschine wird diese formale Sprache, die erkennbar für die Software ist, für die Schlussfolgerungen verwendet.

Context-Awareness bringt uns viele Vorteile, z. B. die Nutzung des Computers wird erhöht, der Umgang der Mensch-Maschine Interaktion wird gesteigert usw. Trotzdem hat Context-Awareness Computing viele Probleme. Zunächst ist es eine Bedrohung für die Privatsphäre/Datenschutz. Beim Context-Awareness werden zahlreiche personalisierte Daten vom System erfasst und gespeichert, so entsteht die Gefahr, dass diese Daten missbraucht werden. Ein weiteres Problem ist es, dass der Kontext eines Benutzers nicht immer richtig erfasst werden kann. Die Contex-Aware-Geräte können momentan nicht schlau genug sein, genaue Kontexte zu erfassen.

7   Fazit

Diese Arbeit stellt eine allgemeine Beschreibung des AmI dar. In der Vergangenheit konzentrierte man sich auf die Entwicklung von Desktop-PCs, während die neuen Technologien und die sozialen Bedürfnisse die Einführung des AmI fördern. Mit der schnellen Entwicklung der Technik des integrierten Schaltkreises (IC) wird CPU eine Komponente von niedrigem Kosten. In vielen elektrischen Geräten werden CPUs eingebettet und daher sind die Geräte eingebettete Systeme geworden, die die Basis des AmI bieten. Eine weitere Technik, die AmI ermöglicht, ist die Entwicklung des drahtlosen Internets. Eine weitere Möglichkeit bietet die Steigerung der Intelligenz der Software. Kurz gesagt, besitzt AmI großes Potenzial im zukünftigen Leben.

Im Jahr 1991 hat Mark Weiser den Begriff des „ubiquitous computing" geprägt. Dabei erklärte er, dass die zukünftigen Rechner leise, unsichtbar und miteinander verbunden sein sollen. Auf dieser Basis wurde das Konzept des AmI eingeführt und viele schöne Szenarien wurden vorgestellt. In Zukunft agieren Computer nicht einfach mit den Menschen, sondern sie sind überall. Diese Rechner erzielen nicht, dass alle Dinge intelligent sind, sondern die Integration in unserem Leben. Sie werden Teile unseres Körpers und erweitern unsere Gefühle in eine Position, die wir nicht erreichen können. In Zukunft sind Computer nicht mehr wahrnehmbar für den Benutzer, sondern sie sind unsichtbar. Computer werden in die Umgebung integriert, wie z. B. in Wände, Tische, Tassen und sogar in die Kleidung. Sie reagiert direkt auf unsere Aktivitäten, nicht über die Maus oder die Tastatur.

Die Zukunft des AmI ist viel versprechend, jedoch gibt es noch viele Probleme zu lösen. Der Datenschutz stellt die größte Hürde bei der Entwicklung des AmI dar. Akzeptanz des Menschen ist auch ein zu lösendes Problem, d. h., wie können wir überzeugt werden, dass unser Leben vom Computer gesteuert wird. Deswegen müssen wir uns noch damit beschäftigen, um diese Probleme abzustellen und AmI insgesamt zu verbessern.

Literaturverzeichnis

[1]   URL: *http://www.eit.uni-kl.de/AmI*

[2]   Unabhängiges Landeszentrum für Datenschutz Schleswig-Holstein (ULD), Institut für Wirtschaftsinformatik der Humboldt-Universität zu Berlin (HU) (2006). Technikfolgenabschätzung Ubiquitäres Computing und Informationelle Selbstbestimmung (TAUCIS), Studie im Auftrag des Bundesministeriums für Bildung und Forschung, 2006. URL: *https://www.datenschutzzentrum.de/taucis/ita_taucis.pdf*

[3]   Weiser, Mark. The Computer for the 21st Century. In: Scientific American, 265

[4]   Dey, Anind K., Abowd, Gregory D. (1999). Towards a Better Understanding of Context   and   Context-Awareness.   URL: *ftp://ftp.cc.gatech.edu/pub/gvu/tr/1999/99-22.pdf*

[5]   The European Union report. Scenarios for Ambient Intelligence in 2010.
        URL: *ftp://ftp.cordis.lu/pub/ist/docs/istagscenarios2010.pdf*

[6]   365 days' Ambient Intelligence research in HomeLab. URL: *http://www.research.philips.com/technologies/misc/homelab/downloads/homelab_365.pdf*

[7]   BelAmI, 2007. *http://www.belami-project.org/*

[8]   Ishii, Hiroshi, Ulmer, Brygg (1997). Tangible Bits: Towards Seamless Interfaces between People, Bits and Atoms. In: Proceedings of Human Factors in Computing Systems, CHI 97. Denver (Colorado) 1997

[9]   Bolt, Richard A. (1980). „Put-That-There": Voice and Gesture at the Graphics Interface, 1980

[10]   Nonlinear Storytelling: Programmierter, interaktiver Narrationsansatz für kontinuierliche   Medien,   URL: *http://deposit.ddb.de/cgi-bin/dokserv?idn=972841628&dok_var=d1&dok_ext=pdf&filename=972841628.pdf*

[11]   Brenner, W., Zarnekow, R., Wittig, H. (1998). Intelligente Software-Agenten. Springer, 1998

[12]   Wooldridge, Michael (2002). Introduction to MultiAgent Systems. John Wiley and Sons, 2002

[13]   Vallée, Mathieu, Ramparany, Fano und Vercouter, Laurent. A Multi-Agent System for Dynamic Service Composition in Ambient Intelligence Environments. URL : *http://www.pervasive.ifi.lmu.de/adjunct-proceedings/doctoral-colloquium/p175-182.pdf*

[14]   Schiessle, Edmund (1992). Sensortechnik und Messwertaufnahme. Vogel, Würzburg 1992

[15]   Hänselmann, Thomas. An FDL'ed Textbook on Sensor Networks. Elektronisches Lehrbuch zur Vorlesung Sensornetze an der Universität Mannheim. URL: *http://www.informatik.uni-mannheim.de/~haensel/sn_book/*

[16]   Zelenko, D (2006). Sensornetze/Smart Dust. Seminararbeit von Hauptseminar an der technischen Universität München: Drahtlose Netzwerke – Technologien, Anwendungen, Management. URL: *http://wwwspies.in.tum.de/MVS/sem06/contents/Sensornetze_Ausarbeitung.pdf*

[17]   Akyildiz, I.F., Su, W., Sankarasubramaniam, Y., Cayirci, E. (2002). A Survey on Sensor Networks. In: IEEE Communikation Magazine, August 2002

[18]   Definition von MAC. Aus: Free On-line Dictionary of Computing. URL: *http://foldoc.org/index.cgi?Media+Access+Control*

[19]   Dey, Anind K., Abowd, Gregory D. (1999). Towards a Better Understanding of Context and Context-Awareness. URL: *ftp://ftp.cc.gatech.edu/pub/gvu/tr/1999/99-22.pdf*

[20]   URL: *http://www.123exp-computing.com/t/03974192394/*

[21]   Staab, Steffen und Studer, Rudi (Hg.) (2004). Handbook on Ontologies. Springer Verlag, Heidelberg 2004